DAS
IRISCHE
KOCHBUCH

Impressum

Das irische Kochbuch
Copyright © by area verlag gmbh, Erftstadt
Alle Rechte vorbehalten
Autorin: Gisela Muhr
Lektorat & Projektmanagement: Christina Kuhn, Köln
Foodfotos: Paul LeClaire
Länderfotos: Image Direkt, Digital Vision, corbis, fotodisc, stockbyte
Layout: Peter Mebus für Nova Libra, Köln
Satz: ce redaktionsbüro für digitales publizieren, Heinsberg
Umschlaggestaltung: Sabine Rummel für Nova Libra, Köln

Printed in Poland 2004

ISBN 3-89996-050-5

VORWORT

Die irische Küche ist traditionell sehr einfach und rustikal. Trotzdem kennt sie, dank der kulinarischen Einflüsse anderer Kulturen, einen großen Variantenreichtum.

Man könnte die irische Küche kurz folgendermaßen beschreiben: Schmackhafte Hausmannskost, die einfach zu kochen und sehr nahrhaft ist.

Bacon und Black Pudding

Ein traditionelles irisches Frühstück besteht aus Rashers (Bacon-Röllchen) und Black Pudding (gebratene Blutwurst). Dazu werden Eier, Bratkartoffeln und gedämpfte Tomaten serviert. Toast, Wheaten (dunkles Sodabrot), Butter und verschiedene Marmeladen runden das Frühstück ab.

Getrunken wird zum Frühstück der irische Schwarztee (Irish Breakfast), eine malzige, Assam-basierte Teemischung, und Orangensaft.

Die Kartoffel in Irland

Obwohl es in den Gewässern der Grünen Inseln von Fischen nur so wimmelt, wird traditionell in Irland wenig Fisch gegessen. Ernährungsgrundlage war und ist die Kartoffel. Auch in kleinen Tante-Emma-Läden finden sich bis zu zehn verschiedene Sorten. Daneben gilt Rindfleisch als die Mahlzeit der feinen Leute, während Fisch als Arme-Leute-Essen verschrien ist.

Wer in einem irischen Restaurant ein Steak bestellt, kann böse überrascht werden: In Irland werden alle Fleischstücke, auch so genannte »minderwertige«, zu Steaks verarbeitet.

Die Spezialität der irischen Küche ist das Irish Stew, das traditionelle, mit Kümmel gewürzte Eintopfgericht aus Kohl, Kartoffeln und Rind- oder Hammelfleisch.

Zum Stew oder Steak werden in der Regel die allgegenwärtigen Kartoffeln (in Form von Bratkartoffeln, Jacket Potatoes oder Kartoffelbrei) gereicht. Dazu gibt es Gemüse, Salatblätter mit Essig, Brot und Butter. Zum Essen gibt es Mineralwasser.

Das irische Bier – der irische Whiskey

Als Nachfahren der Kelten sind die Iren bekannt als ein trinkfreudiges Volk. Abends trinken sie im Pub ihr weltberühmtes Guinness, aber auch Smithwicks (auf dem Kontinent besser unter der Marke Kilkenny bekannt), ein malzig schmeckendes Braunbier, oder Cider.

Der irische Whiskey hat eine ebenso lange Tradition wie der berühmtere Scotch. Auch in Irland werden Single Malts gebraut.

Die Fleischgerichte

In der feinen irischen Küche finden sich französische sowie italienische Einflüsse. Das in der hohen Gastronomie verwendete Lamm- und Rindfleisch ist sehr schmackhaft und von ausgezeichneter Qualität, denn die Tiere stammen alle aus Freilandhaltung.

Irischer Fisch

Berühmt ist die irische Küche auch für ihre Gerichte mit Meeresfrüchten wie Austern, Herzmuscheln, Miesmuscheln, Hummer, Krabben sowie für Gerichte mit zahlreichen Süß- und Salzwasserfischen. Vor allem der irische Lachs erfreut sich heutzutage größter Beliebtheit, ist aber für die tägliche Mahlzeit zu teuer. Lachs wird sowohl gegrillt als auch pochiert und geräuchert serviert.

Irland – die grüne Insel

Lassen auch Sie sich einfangen von dem Zauber der Grünen Insel, mit ihren zerklüfteten Küsten, fischreichen Seen und Flüssen, weiten grünen Feldern mit duftenden Blüten und wilden Früchten sowie einer vielfältigen und schmackhaften Küche.

Guten Appetit! – Enjoy your meal!

INHALT

FRÜHSTÜCKSBRÖTCHEN

FRITTIERTE GARNELEN

KÄSEBÄLLCHEN

COLCANNON

KARTOFFELPÜREE

FRÜHSTÜCKSBRÖTCHEN

FRÜHSTÜCKSBRÖTCHEN

Für 4 Personen
Zubereitungszeit: 20 Min. (ohne Wartezeit)/Backzeit: 15–20 Min.

ZUTATEN

125 ml Milch
500 g Mehl
1 Prise Salz
60 g Schmalz
1 Pckg. Trockenhefe
1 Tl Zucker

Vorbereitung

Milch und 125 ml Wasser erwärmen. Ein Backblech mit Backpapier auslegen und den Backofen auf 225 °C vorheizen.

Zubereitung

Das Mehl in eine Schüssel sieben, Salz, Schmalz, Hefe und Zucker dazugeben und alles vermischen. Die warme Milch und das Wasser zugießen und alles zu einem glatten, geschmeidigen Teig verkneten. An einem warmen Ort etwa 20 Minuten gehen lassen.

Den Teig nochmals durchkneten und zu ovalen Brötchen formen. Die Brötchen auf das Backblech setzen, genügend Abstand zwischen ihnen lassen, warm stellen und nochmals gehen lassen. Dann in die Mitte der Brötchen mit dem Finger eine Mulde drücken und im Backofen etwa 15–20 Minuten backen lassen.

Servieren

Die Brötchen zum Frühstück mit Butter, Konfitüre, Aufschnitt, Käse oder auch als Beilage zu Fleisch-, Fisch- oder Grillgerichten servieren.

INFO

Wer mag, kann die Brötchen auch mit Mohn oder Sesam bestreuen.

FRITTIERTE GARNELEN

Für 4 Personen
Zubereitungszeit: 50 Min. (ohne Wartezeit)/Frittierzeit: 3 Min.

Vorbereitung

Die Garnelen von Köpfen und Schalen befreien, nur die Schwänze belassen. Den Darm entfernen und die Garnelen säubern.
20 g Mehl mit Salz und Pfeffer würzen. Die Zitronen vierteln.

Zubereitung

Das restliche Mehl in eine Schüssel sieben und mit der Milch und dem Ei zu einem geschmeidigen Teig rühren. Das Bier nach und nach dazugeben, bis ein dickflüssiger Teig entsteht. Abdecken und 45 Minuten ruhen lassen.
Das Öl in der Fritteuse oder in einem hohen Topf erhitzen. Die Garnelen zuerst in dem gewürzten Mehl wenden und dann durch den Bierteig ziehen. Die Garnelen portionsweise etwa 3 Minuten goldbraun frittieren. Mit einem Schaumlöffel die Garnelen aus dem Öl heben und auf Küchenpapier abtropfen lassen.

Servieren

Die Garnelen auf einer Platte anrichten, mit den Zitronenspalten dekorieren und mit der Petersilie bestreut servieren.

ZUTATEN

16 große Garnelen
180 g Mehl
Salz
Pfeffer
2 Zitronen
4–5 El Milch
1 Ei
6–8 El Bier
Öl zum Frittieren
2 El frisch gehackte Petersilie

FRITTIERTE GARNELEN

INFO

Die Garnele ist umso delikater, je tiefer und kälter sie lebte.

11

KÄSEBÄLLCHEN

Für 4 Personen
Zubereitungszeit: 60 Min./Koch- & Backzeit: 15 Min.

KÄSEBÄLLCHEN

ZUTATEN

1 große Möhre
1 Zwiebel
450 ml Milch
110 g weiche Butter
110 g Mehl
Salz
Pfeffer
2 Eigelbe
225 g geriebener Käse
1 El frische Schnittlauchröllchen
1 Ei
4 El Paniermehl
Frittierfett

INFO

*Die Käsebällchen schmecken
auch mit Preiselbeeren und
frischem Weißbrot.*

Vorbereitung

*Die Möhre schälen, waschen
und grob zerteilen. Die Zwiebel
schälen und halbieren. Die
Milch in einem Topf erhitzen,
Möhrenstücke und Zwiebel-
hälften dazugeben, aufkochen
und 5 Minuten bei geringer
Hitze kochen lassen. Die Milch
vom Herd nehmen und mit dem
Gemüse etwa 15 Minuten ste-
hen lassen. Anschließend durch
ein Sieb gießen und die Milch
auffangen, das Gemüse wird
nicht mehr benötigt.*

Zubereitung

*Die Butter mit dem Mehl ver-
rühren. Die Milch erneut aufkochen und die Mehlbutter
langsam in die Milch kräftig
einrühren. Die Milchmasse wird
sehr fest und sollte etwa 3 Minuten bei geringer Hitze weiter-
kochen, dabei kräftig rühren. Mit
Salz und Pfeffer würzen. Nun
den Topf vom Herd nehmen und
die Eigelbe kräftig unterrühren.*

*Den Käse und den Schnittlauch
unterheben und die Masse auf
Raumtemperatur abkühlen
lassen.*

*Das Ei in einer Schüssel auf-
schlagen, salzen und das Paniermehl auf einen flachen Teller
schütten. Aus der Masse etwa
tischtennisgroße Bällchen formen, durch das Ei ziehen und
in dem Paniermehl wälzen.*

*Das Fett in der Fritteuse oder
in einem hohen Topf auf etwa
150 °C erhitzen und die Käsebällchen darin goldbraun backen
lassen.*

*Die Käsebällchen auf Küchen-
krepp abtropfen lassen.*

Servieren

*Die Käsebällchen zu kurz
gebratenem Fleisch und einem
frischen grünen Salat servieren.*

COLCANNON

COLCANNON

Für 4 Personen
Zubereitungszeit: 30 Min./Kochzeit: 20 Min.

ZUTATEN

1 Weißkohl (600 g)
600 g Kartoffeln
1 Bund Frühlingszwiebeln
Salz
1 El Butter
Pfeffer

Vorbereitung

Den Weißkohl halbieren, vom Strunk befreien, in Streifen schneiden, waschen und abtropfen lassen. Die Kartoffeln schälen, waschen und in Stücke schneiden. Die Frühlingszwiebeln putzen, waschen und in kleine Ringe schneiden.

Zubereitung

Die Kartoffeln in Salzwasser etwa 20 Minuten gar kochen. Den Kohl in wenig Salzwasser etwa 10 Minuten köcheln lassen. Die Zwiebelringe in der Butter dünsten.
Die Kartoffeln abgießen und fein stampfen. Den Kohl abgießen und abtropfen lassen. Kartoffeln, Kohl und Zwiebeln gut vermengen. Kräftig mit Pfeffer und bei Bedarf nochmals mit Salz würzen.

Servieren

Colcannon als Beilage zu einem Schweine-, Rinder- oder Lammbraten servieren.

INFO

Kohlgerichte werden bekömmlicher, wenn man ihnen etwas Kümmel beifügt.

KARTOFFELPÜREE

KARTOFFELPÜREE

Für 4 Personen
Zubereitungszeit: 25 Min./Kochzeit: 20 Min.

Vorbereitung

Die Kartoffeln schälen, waschen und halbieren. Die Frühlingszwiebeln putzen, waschen und in feine Ringe schneiden.

Zubereitung

Die Kartoffeln in Salzwasser gar kochen. Zwischenzeitlich die Zwiebelringe in der Milch etwa 5 Minuten köcheln lassen. Die Kartoffeln abgießen und zu feinem Püree stampfen und mit Milch und Zwiebeln kräftig verrühren. Mit Salz und Pfeffer würzen.

Servieren

Den Kartoffelpüree auf flachen Tellern anrichten und in die Mitte eine Mulde drücken. Dahinein jeweils eine großzügige Butterportion setzen und zu Fleischgerichten servieren.

ZUTATEN

10–12 Kartoffeln
1 Bund Frühlingszwiebeln
Salz
200 ml Milch
Pfeffer
Butter nach Belieben

INFO

Für Püree eignen sich mehlig kochende Kartoffeln am besten.

17

Suppen, Eintöpfe & Aufläufe

Herzmuschelsuppe

Irische Lammsuppe

Brunnenkressesuppe

Herzhafte Kartoffelsuppe

Bohneneintopf

Bratwursteintopf

Irish Stew

Käse-Brot-Auflauf

SUPPEN, EINTÖPFE & AUFLÄUFE

HERZMUSCHELSUPPE

Für 4 Personen
Zubereitungszeit: 50 Min./Kochzeit: etwa 30 Min.

HERZMUSCHELSUPPE

ZUTATEN

1 kg Herzmuscheln
1 große Zwiebel
3 Stangen Bleichsellerie
100 g Butter
1 Glas Weißwein
2 Tl Mehl
100 ml Sahne
200 ml Milch
1 Tl Sardellenpaste
Salz
Pfeffer
1 El frische
Schnittlauchröllchen

INFO

Herzmuscheln sind auch roh mit Zitronensaft höchst schmackhaft.

Vorbereitung

Die Muscheln verlesen, gründlich waschen, offene Muscheln aussortieren.
Die Zwiebel schälen und in grobe Stücke schneiden. Den Sellerie putzen, die Fäden abziehen und in Stücke schneiden.

Zubereitung

Die Hälfte der Butter in einem hohen Topf erhitzen und die Zwiebel darin kurz anbraten. Muscheln dazugeben und mit etwa 200 ml Wasser und Wein begießen. Mit geschlossenem Deckel und bei mittlerer Hitze köcheln lassen, bis sich die Muscheln öffnen. Die Muscheln abgießen, die Brühe auffangen, durchsieben und das Muschelfleisch aus den Schalen brechen. In einem zweiten Topf die restliche Butter erhitzen, den Sellerie dazugeben und das Mehl einrühren. Mit der Brühe ablöschen und Muscheln, Sahne und Milch dazugeben. Das Ganze aufkochen lassen und mit der Sardellenpaste, Salz und Pfeffer würzen.

Servieren

Die Herzmuschelsuppe in Suppenteller füllen und mit Schnittlauchröllchen bestreut servieren. Dazu frisches Weißbrot reichen.

20

IRISCHE LAMMSUPPE

Für 4 Personen
Zubereitungszeit: 30 Min./Kochzeit: 1 Std. 40 Min.

Vorbereitung

Das Fleisch waschen und trockentupfen.

Die Zwiebeln schälen und in kleine Würfel schneiden. Den Knoblauch pellen und fein hacken oder durch die Knoblauchpresse drücken.

Die Möhren und Kartoffeln schälen, waschen und in Würfel schneiden. Die Lauchstangen von den äußeren Blättern befreien, waschen und in Ringe schneiden.

Zubereitung

Das Fleisch in einen großen Topf mit 1 l kaltem Wasser geben und zum Kochen bringen. Zwiebeln, Knoblauch und Lorbeerblatt dazugeben und etwa 1 Stunde bei kleiner Hitze köcheln lassen.

Das gekochte Fleisch aus dem Topf heben, in mundgerechte Stücke schneiden und warm halten.

Die Fleischbrühe durch ein Sieb gießen.

In einem zweiten Topf die Butter erhitzen, das Mehl einrühren und mit einem Schneebesen langsam die Milch einrühren. Dann den Käse und die Fleischbrühe einrühren. Das Fleisch und das Gemüse dazugeben und das Ganze etwa 40 Minuten bei geringer Hitze köcheln lassen. Dabei hin und wieder umrühren.

Nach der Garzeit mit Salz und kräftig mit Pfeffer würzen.

Servieren

Die Irische Lammsuppe in Suppentassen füllen und mit der Petersilie bestreut servieren. Dazu passt frisch geröstetes Weißbrot.

ZUTATEN

800 g Lammfleisch mit Knochen
2 Zwiebeln
2 Knoblauchzehen
4 Möhren
4 Kartoffeln
2 Lauchstangen
1 Lorbeerblatt
30 g Butter
2 El Mehl
250 ml Milch
120 g geriebener Käse
Salz
Pfeffer
3 El gehackte Petersilie

IRISCHE LAMMSUPPE

BRUNNENKRESSESUPPE

BRUNNENKRESSESUPPE

Für 4 Personen
Zubereitungszeit: 15 Min./Kochzeit: 5–8 Min.

ZUTATEN

200 g Brunnenkresse
120 g Butter
2 El Mehl
750 ml Gemüsebrühe
(Instant)
Salz
Pfeffer
1 Msp. Muskatnuss
100 ml Sahne
2 Eigelbe

Vorbereitung

Die Brunnenkresse waschen, verlesen und klein schneiden.

Zubereitung

Die Butter in einem Topf zerlassen, das Mehl dazugeben und kräftig verrühren. Mit der Brühe ablöschen und aufkochen lassen. Die Brunnenkresse dazugeben, kurz aufkochen lassen und mit Salz, Pfeffer und Muskatnuss abschmecken.
Die Sahne mit den Eigelben verquirlen. Den Topf vom Herd nehmen und die Sahnemischung langsam einrühren.

Servieren

Die Brunnenkressesuppe in Suppentassen füllen und mit frischem Weißbrot servieren.

INFO

Brunnenkresse welkt schnell, deshalb möglichst sofort verarbeiten. Das meerrettichscharfe Kraut ist eine Bereicherung für jede Rohkostkur.

HERZHAFTE KARTOFFELSUPPE

HERZHAFTE KARTOFFELSUPPE

Für 4 Personen
Zubereitungszeit: 25 Min./Kochzeit: etwa 30 Min.

ZUTATEN

800 g mehlig kochende Kartoffeln
3 kleine Zwiebeln
2 Lauchstangen
2 Knoblauchzehen
60 g Butter
3 El Haferflocken
½ l Milch
½ l Gemüsebrühe (Instant)
Salz
Pfeffer
1 Msp. Muskatnuss
2 El frisch gehackter Schnittlauch

Vorbereitung

Die Kartoffeln schälen, waschen und in etwa 2 cm große Würfel schneiden. Die Zwiebeln schälen und in feine Würfel schneiden. Den Lauch von den äußeren Blättern befreien, putzen, waschen und in feine Ringe schneiden. Den Knoblauch pellen und fein hacken oder durch die Knoblauchpresse drücken.

Zubereitung

Die Butter in einem großen Topf erhitzen und die Zwiebelwürfel mit den Lauchringen darin kurz anbraten. Die Kartoffeln dazugeben und ebenfalls braten, bis sie Farbe angenommen haben. Die Haferflocken einrühren, den Knoblauch dazugeben und kurz mitdünsten. Milch und Brühe aufgießen, mit Salz, Pfeffer und Muskatnuss würzen und bei mittlerer Hitze etwa 15 Minuten köcheln lassen.

Servieren

Die herzhafte Kartoffelsuppe in Suppentassen füllen und mit den Schnittlauchröllchen bestreut servieren.

INFO

Sie können der Suppe auch geröstete Speckwürfel beifügen, dadurch wird sie noch herzhafter.

BOHNENEINTOPF

Für 4 Personen

Zubereitungszeit: 20 Min. (ohne Wartezeit)/Kochzeit: 1 Std. 40 Min.

Vorbereitung

Die Bohnen über Nacht einweichen.

Zwiebeln, Sellerieknolle und Möhren schälen und in grobe Stücke schneiden. Knoblauch pellen und fein hacken.

Das Rindfleisch waschen, trockentupfen und in dünne Scheiben schneiden. Den Speck in kleine Würfel schneiden.

Zubereitung

Die Bohnen durch ein Sieb abgießen und gut abspülen. In einen Topf geben und vollständig mit Wasser bedeckt zum Kochen bringen und etwa 10 Minuten kochen lassen. Erneut abgießen und abspülen.

Das Öl in einem großen Topf erhitzen und das Fleisch mit den Speckwürfeln darin kräftig anbraten. Lorbeerblatt, Kreuzkümmel, Zwiebeln, Knoblauch, Sellerie und Möhren dazugeben und kurz weiterbraten lassen, bis das Gemüse etwas Farbe angenommen hat.

Dann Tomaten, Bohnen und Essig unterrühren und mit heißem Wasser auffüllen. Das Ganze aufkochen lassen und bei geschlossenem Deckel und kleiner Hitze etwa 1½ Stunden köcheln lassen. Anschließend mit Salz und Pfeffer abschmecken. Kurz vor Ende der Garzeit die Weißbrotscheiben mit je einer Scheibe Käse belegen und im Backofen überbacken lassen.

Servieren

Die Suppe in tiefe Teller füllen und mit je einer Brotscheibe belegt servieren.

ZUTATEN

225 g getrocknete weiße Bohnen
2 Zwiebeln
¼ Sellerieknolle
2 Möhren
2 Knoblauchzehen
300 g Rindfleisch
30 g magerer geräucherter Speck
1 El Olivenöl
1 Lorbeerblatt
2 El Kreuzkümmel
500 g passierte Tomaten
2 El Weißweinessig
Salz
Pfeffer
6 Scheiben Weißbrot
6 Scheiben Käse (Gouda, Emmentaler etc.)

BOHNENEINTOPF

INFO

Hülsenfrüchte erst nach dem Garen mit Salz würzen, da sich sonst die Kochzeit verlängert.

BRATWURSTEINTOPF

BRATWURSTEINTOPF

Für 4 Personen
Zubereitungszeit: 25 Min./Koch- & Bratzeit: 60 Min.

Vorbereitung

Die Bratwürste in wenig Wasser etwa 10 Minuten bei kleiner Hitze köcheln lassen.
Den Speck in Streifen schneiden. Die Zwiebeln schälen und in Ringe schneiden.
Die Kartoffeln schälen, waschen und in Scheiben schneiden.
Eine Auflaufform ausbuttern und den Backofen auf 180 °C vorheizen.

Zubereitung

In einer Pfanne das Butterschmalz erhitzen und Speckstreifen und Zwiebelringe darin kurz anbraten. Die Bratwürste aus dem Wasser heben, in einer zweiten Pfanne kurz bräunen lassen und in Stücke schneiden. Nun alles in die Auflaufform schichten – beginnend mit den Kartoffeln, dann Speck, Zwiebeln, Bratwürste, 2 El Petersilie und zuletzt wieder Kartoffeln. Die Schichten mit Salz und Pfeffer würzen.
Mit der Brühe aufgießen und mit geschlossenem Deckel etwa 50 Minuten garen lassen.
Nach etwa 25 Minuten der Garzeit den Deckel entfernen und das Gericht jetzt goldgelb backen lassen.

Servieren

Die Auflaufform zu Tisch bringen und mit der restlichen Petersilie bestreut servieren.

ZUTATEN

6–8 frische Bratwürste
150 g magerer Speck
3 Zwiebeln
6 Kartoffeln
1 El Butter
1 El Butterschmalz
3 El frisch gehackte Petersilie
Salz
Pfeffer
300 ml Fleischbrühe (Instant)

INFO

Sie können die Bratwürste auch in Weißwein kochen, das gibt dem Gericht eine besonders schmackhafte Note.

IRISH STEW

IRISH STEW

Für 4 Personen
Zubereitungszeit: 25 Min./Kochzeit: 2 Std.

Vorbereitung

Das Fleisch waschen, trockentupfen und grob in Stücke
schneiden.

Den Weißkohl halbieren, vom
Strunk befreien, in feine Streifen
schneiden, waschen und abtropfen lassen.

Die Kartoffeln und Möhren
schälen, waschen und in Scheiben schneiden. Die Zwiebeln
schälen und in Ringe schneiden.

Den Speck in dünne Scheiben
schneiden.

Den Backofen auf 140 °C
vorheizen.

Zubereitung

In einer Kasserolle abwechselnd
zuerst Speck, Kartoffeln, Kohl,
Möhren, dann Fleisch und
Zwiebeln schichten, die letzte
Schicht sollten wieder Kartoffeln
sein. Dabei die Schichten mit
Salz, Pfeffer und den Kräutern
und Gewürzen würzen.

Etwa 500 ml heißes Wasser
angießen und etwa 2 Stunden
im Backofen schmoren lassen.
Hin und wieder die Flüssig-
keitsmenge prüfen und gegebenenfalls noch etwas Wasser
nachgießen.

Wenn die Garzeit erreicht ist,
sollte die obere Kartoffelschicht
knusprig braun sein.

Servieren

Irish Stew in der Kasserolle zu
Tisch bringen. Dazu trinkt man
traditionell frisches Guinness.

ZUTATEN

1 Lammkeule ohne
Knochen (1 kg)
1 Weißkohl
700 g Kartoffeln
3 Möhren
4 Zwiebeln
150 g magerer Speck
Salz
Pfeffer
2 El frisch gehackte Petersilie
1 El Thymianblätter
1 Tl Kümmel

INFO

Irish Stew ist wohl das
bekannteste Gericht Irlands.

KÄSE-BROT-AUFLAUF

KÄSE-BROT-AUFLAUF

Für 4 Personen
Zubereitungszeit: 10 Min./Backzeit: 30−40 Min.

ZUTATEN

8 Scheiben Weißbrot
(vom Vortag)
60 g Butter
250 g geriebener Käse
4 Eier
250 ml Hühnerbrühe
(Instant)
125 ml Sahne
Pfeffer
1 El frisch gehackte
Petersilie

Vorbereitung

Die Weißbrotscheiben von der Rinde befreien und jeweils von beiden Seiten einbuttern. Eine Auflaufform einbuttern und den Backofen auf 150 °C vorheizen.

Zubereitung

Vier Scheiben Brot mit ¾ des geriebenen Käses bestreuen, die anderen Brotscheiben darauf legen und diagonal durchschneiden. Die Brotecken in die Auflaufform legen.
Die Eier mit Hühnerbrühe und Sahne verquirlen und über das Brot gießen. Das Ganze etwa 30 Minuten ziehen lassen. Dann mit dem restlichen Käse bestreuen und mit Pfeffer würzen.
Im Backofen etwa 30−40 Minuten goldgelb stocken lassen.

Servieren

Den Käse-Brot-Auflauf auf flachen Tellern anrichten und mit der Petersilie bestreut servieren.

INFO

Wenn Sie diesen Auflauf etwas herzhafter bevorzugen, geben Sie geröstete Speckstreifen dazu.

Kohl und Speck

Überbackene Champignonköpfe

Spinat mit Speck

Kartoffelpudding
(Boxty-Pudding)

Kartoffelpüree mit Eiern & Speck

Kartoffelklösse
(Boxty-Klösse)

Reibekuchen Irische Art
(Boxty-Cake)

GEMÜSE

KOHL UND SPECK

KOHL UND SPECK

Für 4 Personen
Zubereitungszeit: 30 Min./Kochzeit: etwa 2 Std.

Vorbereitung

Den Weißkohl halbieren, vom Strunk befreien und in Streifen schneiden. Waschen und abtropfen lassen. Den Speck in Streifen schneiden. Die Zwiebeln schälen und in Ringe schneiden. Eine hohe Auflaufform mit dem Schmalz einfetten und den Backofen auf 120 °C vorheizen.

Zubereitung

Den Kohl in einem Topf mit Salzwasser kurz blanchieren und dann in eiskaltes Wasser tauchen.
Abwechselnd Kohl, Speck und Zwiebeln in die Auflaufform schichten, jede Schicht salzen und pfeffern und mit einer Kohlschicht enden. Die Brühe dazugießen und im Backofen etwa 2 Stunden backen.
Der Kohl nimmt durch die lange Garzeit einen feinen Röstgeschmack an.

Servieren

Kohl und Speck zu herzhaften Fleischgerichten und mit Bratkartoffeln oder Kartoffelpüree servieren.

ZUTATEN

1 Weißkohl
500 g magerer geräucherter Speck
2 Zwiebeln
2 El Butterschmalz
Salz
Pfeffer
500 ml Gemüsebrühe (Instant)

ÜBERBACKENE CHAMPIGNONKÖPFE

Für 4 Personen
Zubereitungszeit: 30 Min./Kochzeit: 20–25 Min.

ZUTATEN

12 große Champignons
2 große Tomaten
3 Eier
3 El frische Kräuter
(Petersilie, Schnittlauch,
Kresse etc.)
200 g geriebener Käse
Salz
Pfeffer

Vorbereitung

Die Champignons putzen, das Stielende abschneiden und die Stiele vorsichtig herausbrechen. Die Tomaten mit kochendem Wasser überbrühen und enthäuten. Die Kerne entfernen und das Fruchtfleisch in kleine Würfel schneiden.
Die Eier trennen und die Eiweiße steif schlagen.
Ein Backblech mit Backpapier auslegen und den Backofen auf 200 °C vorheizen.

Zubereitung

Die Champignonstiele klein hacken, mit den Tomatenwürfeln, Kräutern und Käse verrühren. Die Eigelbe dazugeben, mit Salz und Pfeffer würzen und das Eiweiß unterziehen.
Die Champignons mit der Masse füllen und auf das Backblech setzen. Im Backofen etwa 20–25 Minuten backen lassen.

Servieren

Die überbackenen Champignonköpfe als Vorspeise oder als Beilage zu kurz gebratenen Fleischgerichten oder mit Bratkartoffeln servieren.

SPINAT MIT SPECK

Für 4 Personen
Zubereitungszeit: 35 Min./Koch- & Backzeit: 20 Min.

SPINAT MIT SPECK

ZUTATEN

1 kg frischer Spinat
Salz
200 g magerer
geräucherter Speck
125 g Butter
1 El Mehl
100 ml Fleischbrühe
(Instant)
50 ml Sahne
1 Msp. Muskatnuss
1 El Semmelbrösel
3 El geriebener Käse

Vorbereitung

*Den Spinat verlesen, die Stielenden entfernen, gründlich waschen und abtropfen lassen.
Den Spinat in etwas Salzwasser etwa 10 Minuten köcheln lassen. Abgießen, ausdrücken und fein hacken. Den Speck in feine Streifen schneiden.
Eine Auflaufform ausbuttern und den Backofen auf 250 °C vorheizen.*

Zubereitung

*Die Butter in einem Topf auslassen, das Mehl einrühren und mit heißer Brühe und Sahne zu einer sämigen Soße einkochen.
Mit Salz und Muskatnuss abschmecken. Den Spinat dazugeben, verrühren und kurz aufkochen lassen.
Den Spinat in die Auflaufform geben und mit Semmelbröseln und Käse bestreuen. Butterflocken aufsetzen und im Backofen etwa 5 Minuten überbacken lassen.
Zwischenzeitlich die Speckstreifen in einer Pfanne knusprig braun rösten.*

Servieren

Spinat mit Speck als Beilage zu Fleischgerichten und mit Salzkartoffeln servieren.

INFO

Anstelle von Spinat können Sie dieses Gericht auch mit der gleichen Menge Brunnenkresse zubereiten.

KARTOFFELPUDDING (BOXTY-PUDDING)

Für 4 Personen
Zubereitungszeit: 20 Min./Backzeit: 30 Min.

Vorbereitung

Die Kartoffeln schälen, waschen, reiben und in einem Leinentuch ausdrücken.
Eine Auflaufform ausbuttern und den Backofen auf 225 °C vorheizen.

Zubereitung

Das Mehl in eine Schüssel sieben und mit den Eiern und der Milch, gegebenenfalls etwas weniger Milch – der Teig sollte nicht zu dünnflüssig sein –, verrühren. Dann die Kartoffeln unterrühren und mit Salz würzen.
Die Masse in die Form geben, mit Butterflöckchen belegen und im Backofen etwa 30 Minuten backen lassen.

Servieren

Servieren Sie den Kartoffelpudding heiß zu Fleischgerichten.

ZUTATEN

125 g Kartoffeln
250 g Mehl
3 Eier
80 ml Milch
Salz
3 El Butter

KARTOFFELPUDDING

KARTOFFELPÜREE MIT EIERN & SPECK

Für 4 Personen
Zubereitungszeit: 30 Min./Kochzeit: 35 Min.

KARTOFFELPÜREE MIT EIERN & SPECK

ZUTATEN

1 kg mehlig kochende
Kartoffeln
2 Bund Schnittlauch
130 g magerer
geräucherter Speck
100 g Butter
1 El Semmelbrösel
500 ml Milch
Salz
Pfeffer
8 Eier

INFO
*Zu diesem Gericht passt ein
frischer grüner Salat.*

Vorbereitung

*Die Kartoffeln schälen, waschen
und halbieren. Den Schnittlauch
gründlich waschen, trockenschütteln und in Ringe schneiden.
Den Speck in feine Streifen
schneiden.
Eine Auflaufform ausbuttern,
mit Semmelbröseln bestreuen
und den Backofen auf 200 °C
vorheizen.*

Zubereitung

*Die Kartoffeln in Salzwasser in
25 Minuten gar kochen. Die
Kartoffeln abgießen, zu feinem
Püree stampfen und mit der
Butter kräftig verrühren.
Zwischenzeitlich die Milch
erhitzen, aber nicht kochen, und
den Schnittlauch (1 El zum
Garnieren beiseite stellen) darin
einige Minuten ziehen lassen,
die Milch nimmt jetzt eine
grüne Farbe an.*

*Die Milch durch ein Sieb gießen
und langsam unter den
Kartoffelbrei rühren. Mit Salz
und Pfeffer abschmecken und in
die Auflaufform füllen. In die
Mitte eine Mulde drücken und
die Eier in diese Mulde auf-
schlagen, mit etwas Salz
bestreuen, den Speckstreifen
belegen und im Backofen etwa
5−8 Minuten backen lassen.*

Servieren

*Kartoffelpüree mit Eiern und
Speck auf flachen Tellern anrichten und mit den restlichen
Schnittlauchröllchen bestreut
servieren.*

KARTOFFELKLÖSSE (ROXTY-KLÖSSE)

KARTOFFELKLÖSSE (BOXTY-KLÖSSE)

Für 4 Personen
Zubereitungszeit: 40 Min./Kochzeit: 30 Min.

Vorbereitung

Die Kartoffeln schälen und waschen. Die Hälfte der Kartoffeln in Salzwasser gar kochen. Die übrigen rohen Kartoffeln in einer Schüssel fein reiben. Die Kartoffelmasse ausdrücken, die Flüssigkeit abgießen und die sich auf dem Schüsselboden bildende Kartoffelstärke belassen.

Zubereitung

Die gekochten Kartoffeln abgießen und zu feinem Püree stampfen, abkühlen lassen und mit den geriebenen Kartoffeln vermengen. Mehl, Eier, Salz und Muskatnuss dazugeben und alles gut vermischen.
In einem hohen Topf Salzwasser zum Kochen bringen. Aus der Kartoffelmasse Klöße formen und in das Salzwasser gleiten lassen. Bei mittlerer Hitze etwa 10 Minuten köcheln lassen. Die Klöße mit einer Schaumkelle aus dem Wasser heben und abtropfen lassen.

Servieren

Die Klöße zu Fleischgerichten oder mit Speck- oder Schinkenstreifen servieren.

ZUTATEN

1 kg Kartoffeln
Salz
1 Tasse Mehl
2 Eier
1 Msp. Muskatnuss

INFO

Kloßreste am nächsten Tag in Scheiben geschnitten, kurz in der Pfanne gebraten und pikant mit Speck, Spiegelei aber auch süß mit Zucker bestreut servieren.

REIBEKUCHEN IRISCHE ART (BOXTY-CAKE)

REIBEKUCHEN IRISCHE ART

Für 4 Personen
Zubereitungszeit: 30 Min./Bratzeit: 5 Min.

ZUTATEN

500 g Kartoffeln
200 g Mehl
Salz
½ Tl Backpulver
2 El kalte Milch
3 El Butterschmalz

Vorbereitung

Die Kartoffeln schälen, waschen und in eine Schüssel reiben.

Zubereitung

Die Kartoffeln ausdrücken, die Kartoffelflüssigkeit abgießen, die sich bildende Kartoffelstärke belassen und mit Mehl, Salz, Backpulver und Milch verrühren.

Das Butterschmalz in einer Pfanne erhitzen, aus der Kartoffelmasse mit einem Löffel kleine Reibekuchen in das heiße Fett gleiten lassen und goldbraun backen.

Servieren

Die heißen Reibekuchen mit Sirup, aber auch pikant mit Gewürzgurken oder Mixed Pickles servieren.

Black Pudding

Überbackene Käseburger

Kasselerkotelett mit Kohl

Rinderschmorbraten

Scharfe Lammkoteletts

Lammeintopf

Lammkarree auf irische Art

Rebhuhn mit Rowan Jelly

Hähnchen auf irische Art

Gefüllte Pute

Hühnerbrust

Gefülltes Hähnchen

FLEISCH- & GEFLÜGELGERICHTE

BLACK PUDDING

Für 4 Personen
Zubereitungszeit: 25 Min./Koch- & Bratzeit: 25 Min.

BLACK PUDDING

ZUTATEN

1 kleiner Weißkohl
1 mittelgroße Zwiebel
100 g magerer
geräucherter Speck
2 Äpfel
500 g Blutwurst
30 g Butter
2 El Fleischbrühe (Instant)
Pfeffer
Salz

INFO

*Geräucherte Blutwurst
ist haltbarer und genauso
delikat wie frische.*

Vorbereitung

Den Weißkohl halbieren, vom Strunk befreien, in Streifen schneiden, waschen und abtropfen lassen. Die Zwiebel schälen und in kleine Würfel schneiden. Den Speck in feine Streifen schneiden. Die Äpfel schälen, waschen, vom Kerngehäuse befreien und in Scheiben schneiden.
Die Blutwurst von der Pelle befreien und in 1½ cm dicke Scheiben schneiden.

Zubereitung

Den Kohl in einem Topf mit wenig Wasser etwa 10 Minuten dünsten lassen.
Die Butter in einer Pfanne erhitzen und Zwiebelwürfel und Speckstreifen darin kurz anbraten. Die Apfelscheiben dazugeben, mit der Fleischbrühe aufgießen und etwa 10–15 Minuten bei mittlerer Hitze köcheln lassen.

Zwischenzeitlich die Blutwurstscheiben in einer zweiten Pfanne etwa 3 Minuten braten lassen (dabei ist es egal, wenn die Wurst auseinander fällt). Die Apfelmischung unter den Kohl geben, einige Minuten durchziehen lassen und kräftig mit Pfeffer würzen und mit Salz abschmecken.

Servieren

Die Kohl-Apfel-Mischung auf flachen Tellern anrichten und mit der Blutwurst bedeckt servieren. Wer möchte, serviert entweder Salzkartoffeln oder Weißbrot zu Black Pudding.

ÜBERBACKENE KÄSEBURGER

ÜBERBACKENE KÄSEBURGER

Für 4 Personen
Zubereitungszeit: 30 Min./Bratzeit: 10 Min.

Vorbereitung

Die Würste aus dem Darm drücken und in einer Schüssel vorsichtig mit Salz und Pfeffer würzen.

Die Petersilie gründlich waschen, trockenschütteln, fein hacken und unter die Wurst mischen. 1 El Petersilie für die Garnierung beiseite stellen.

Die Tomaten in dünne Streifen schneiden.

Den Backofen auf 180 °C vorheizen.

Zubereitung

Die Fleischmasse mit den Händen portionieren und zu flachen Burgern formen. Das Öl in einer Pfanne erhitzen und die Burger darin knusprig braten. Auf Küchenpapier abtropfen lassen.

Die Burger auf ein Backblech legen, den Käse und die Tomaten portionsweise auf die Burger legen und im Backofen etwa 5 Minuten überbacken lassen.

Servieren

Die überbackenen Burger mit der restlichen Petersilie bestreut zu Bratkartoffeln servieren.

ZUTATEN

6 frische Bratwürste
Salz
Pfeffer
1 Bund Petersilie
6–8 getrocknete Tomaten
4 El Öl
6 dickere Scheiben Käse
(kräftig in der Würze)

INFO

Frische Bratwurst sollte noch am gleichen Tag verarbeitet werden.

51

KASSELERKOTELETT MIT KOHL

KASSELERKOTELETT MIT KOHL

Für 4 Personen
Zubereitungszeit: 20 Min./Kochzeit: 15 Min.

ZUTATEN

1 Weißkohl
2 Möhren
4 Kasselerkoteletts
Öl
Salz
Pfeffer

Vorbereitung

Den Kohl halbieren, vom Strunk befreien, in feine Streifen schneiden, waschen und abtropfen lassen. Die Möhren schälen und in kleine Stücke schneiden. Den Backofen auf 220 °C vorheizen.

Zubereitung

Die Kasselerkoteletts in heißem Öl von beiden Seiten kurz anbraten. Dann im Backofen etwa 10 Minuten garen lassen. Zwischenzeitlich die Weißkohl-streifen in kochendem Wasser etwa 5 Minuten blanchieren. In einem zweiten Topf die Möhren ebenso zubereiten. Das Gemüse aus dem Wasser heben, abtropfen lassen und mit Salz und Pfeffer würzen. Das Fleisch von den Knochen lösen und von überschüssigem Fett befreien.

Servieren

Den Kohl auf tiefen Tellern anrichten, das Fleisch auf den Kohl legen und mit den Möhren umlegt servieren.

INFO

Den Weißkohl können Sie auch durch einen Wirsing ersetzen.

RINDERSCHMORBRATEN

RINDERSCHMORBRATEN

Für 4 Personen
Zubereitungszeit: 25 Min./Bratzeit: 3¼–3¾ Std.

Vorbereitung

Das Fleisch waschen, trockentupfen und mit Salz und Pfeffer würzen.
Die Zwiebeln schälen und in Würfel schneiden.
Das Grün der Möhren bis auf etwa 1 cm abschneiden, die Möhren schälen und waschen.
Die Lauchstange von den äußeren Blättern befreien, waschen und in Ringe schneiden. Die Schalotten schälen.
Den Backofen auf 150 °C vorheizen.

Zubereitung

In einer Kasserolle das Butterschmalz erhitzen und das Fleisch darin kräftig von allen Seiten anbraten.
Das Fleisch aus der Kasserolle nehmen und warm stellen.

Die Butter in den Topf geben und die Zwiebeln darin kurz anbraten. Mit Rotwein, Tomaten und etwa 250 ml Wasser ablöschen, mit den Kräutern würzen und aufkochen lassen.
Das Fleisch dazugeben und mit geschlossenem Deckel im Backofen etwa 2½–3 Stunden schmoren lassen.
Danach den Braten herausheben, den Bratensaft durch ein Sieb gießen und mit dem Fleisch zurück in die Kasserolle geben.
Das Gemüse dazugeben und nochmals 45 Minuten in den Backofen schieben.

Servieren

Den Braten in Scheiben schneiden, auf flachen Tellern anrichten und zusammen mit dem Gemüse und der Soße servieren.
Dazu passen Salzkartoffeln oder Kartoffelpüree.

ZUTATEN

2 kg Rinderbraten
Salz
Pfeffer
2 große Zwiebeln
1 Bund kleine Möhren
1 Lauchstange
8–10 Schalotten
1 El Butterschmalz
20 g Butter
125 ml Rotwein
250 g passierte Tomaten
1 Lorbeerblatt
2 Thymianzweige
1 Rosmarinzweig

SCHARFE LAMMKOTELETTS

SCHARFE LAMMKOTELETTS

Für 4 Personen
Zubereitungszeit: 15 Min./Bratzeit: 5 Min.

Vorbereitung

Die Lammkoteletts waschen, trockentupfen, mit Salz, Pfeffer und Balsamicoessig einreiben. Knoblauchzehen pellen und fein hacken oder durch die Knoblauchpresse drücken.
Die Chilischoten halbieren – wenn Sie es weniger scharf mögen, entfernen Sie das Kerngehäuse – und in feine Streifen schneiden. Die Petersilie gründlich waschen, trockenschütteln und fein hacken. Einige Blätter zum Garnieren beiseite stellen.

Zubereitung

Für die Soße den Balsamicoessig mit Sumach-Beeren, Pfefferkörnern, Chilischoten, Zitronensaft, Olivenöl, Knoblauchzehen und der Petersilie verrühren.
In einer Pfanne das Öl erhitzen und die Koteletts darin von beiden Seiten braten. Die Koteletts in Alufolie wickeln und einige Minuten ruhen lassen.

Servieren

Die Koteletts auf einer Fleischplatte anrichten und mit jeweils einem Löffel der scharfen Soße belegen. Mit den restlichen Petersilienblättchen garniert und mit frischem grünem Salat und Weißbrot servieren.

ZUTATEN

8–10 Lammkoteletts
Salz
Pfeffer
Balsamicoessig
2 El Öl

Für die Soße:
2–3 Knoblauchzehen
2 rote Chilischoten
1 kleines Bund
glatte Petersilie
4 El Balsamicoessig
1 El rote Sumach-Beeren
1 El grüne Pfefferkörner
Saft einer Zitrone
4 El Olivenöl

INFO

Sumach-Beeren, ein orientalisches, rotes, herbsäuerliches Gewürz, wird auch roter oder rosa Pfeffer genannt.

LAMMEINTOPF

LAMMEINTOPF

Für 4 Personen
Zubereitungszeit: 30 Min./Koch- & Backzeit: 2 Std.

ZUTATEN

1 Lammkeule (1 kg)
2 Lauchstangen
4 Möhren
2 Stangen Bleichsellerie
2 mittelgroße Zwiebeln
6 mittelgroße Kartoffeln
3 Knoblauchzehen
3 Thymianzweige
250 ml Weißwein (trocken)
Salz
Pfeffer
100 g Nudeln

Vorbereitung

Die Lammkeule waschen, trockentupfen und gegebenenfalls überschüssiges Fett abschneiden.

Lauchstangen von den äußeren Blättern befreien, in etwa 5 cm große Stücke schneiden, waschen und abtropfen lassen.

Möhren schälen, waschen und grob in Stücke schneiden.

Bleichsellerie abziehen, putzen und ebenfalls in Stücke schneiden.

Die Zwiebeln schälen und halbieren.

Die Kartoffeln schälen, waschen und in Würfel schneiden.

Die Knoblauchzehen pellen.

Den Backofen auf 180 °C vorheizen.

Zubereitung

Das Fleisch mit Lauch, Möhren, Bleichsellerie, Thymianzweigen und Weißwein in einen großen Topf geben, mit Wasser auffüllen, bis das Fleisch bedeckt ist, und aufkochen lassen.

Im Backofen bei geschlossenem Deckel etwa 1½ Stunden garen lassen.

Dann die Kartoffeln und Nudeln dazugeben und weitere 30 Minuten fertig garen.

Das Fleisch aus dem Topf nehmen und in Scheiben schneiden.

Servieren

Die Lammfleischscheiben auf flachen Tellern anrichten und mit Gemüse, Kartoffeln und Nudeln umlegen.

LAMMKARREE AUF IRISCHE ART

Für 4 Personen
Zubereitungszeit: 15 Min./Bratzeit: 20–25 Min.

LAMMKARREE AUF IRISCHE ART

ZUTATEN

2 Lammkarrees
200 g Butter
Salz
Pfeffer
2 El Rosmarinnadeln
2 Bund Petersilie
1 Zwiebel
Dijonsenf
50 ml Rotwein

INFO

Frisch gehackte Rosmarinblätter über die Bratkartoffeln streuen – das schmeckt unvergleichlich.

Vorbereitung

Das Fleisch waschen, trockentupfen und mit 1 El Butter bestreichen. Mit Salz, Pfeffer und Rosmarinnadeln einreiben. Petersilie gründlich waschen, trockenschütteln und fein hacken.
Die Zwiebel schälen und in kleine Würfel schneiden.
Die restliche Butter kühlen.
Den Backofen auf 170 °C vorheizen.

Zubereitung

Das vorbereitete Fleisch in eine Kasserolle setzen und im Backofen etwa 30 Minuten braten lassen. Das Fleisch sollte eine rosarote Färbung haben. Mögen Sie es lieber weniger »englisch«, lassen Sie das Fleisch etwa 10–15 Minuten länger braten.

Die Karrees aus dem Backofen nehmen, mit dem Senf bepinseln und in der Petersilie wälzen. Nun auf einem Grillrost wieder zurück in den Backofen geben und die Kruste ausbacken. Zwischenzeitlich für die Soße die Zwiebelwürfel im Bratensaft anschwitzen, den Rotwein angießen und mit etwa 250 ml heißem Wasser aufgießen. Aufkochen lassen und mit Salz und Pfeffer würzen. Die eiskalte Butter stückweise zur Bindung einrühren.
Das Fleisch aus dem Ofen nehmen und in Koteletts schneiden.

Servieren

Die Soße auf tiefe Teller portionieren und das Lammkarree darauf anrichten. Dazu Bratkartoffeln und grünes Bohnengemüse reichen.

REBHUHN MIT ROWAN JELLY

Für 4 Personen
Zubereitungszeit: 60 Min./Bratzeit: 50 Min.

Vorbereitung

Die Vogelbeeren waschen, die Äpfel schälen, waschen und in kleine Stücke schneiden. Beides in einem Topf mit etwas Wasser aufkochen, Gewürznelken und Zimt dazugeben und alles 30 Minuten bei geringer Hitze köcheln lassen. Dann durch ein feines Sieb streichen, zurück in den Topf geben mit Weißwein aufgießen, Kandis darin auflösen und die Rowan Jelly mit dem Zitronensaft abschmecken.

Die Rebhühner waschen, trockentupfen und mit Salz und Pfeffer einreiben.

Die Pilze putzen, von den Stielenden befreien und in kleine Stücke schneiden. Den Speck längs in Scheiben schneiden.

Zubereitung

Die Pilze in einem Topf mit etwas erhitzter Butter andünsten, die Kräuter dazugeben und mit etwas Weißwein ablöschen. Kurz aufkochen lassen und mit Salz und kräftig mit Pfeffer würzen.

Die Rebhühner mit der Pilzmasse füllen, gegebenenfalls die Öffnungen mit Küchenzwirn zunähen. Die Speckstreifen um die Rebhühner wickeln, im heißen Butterschmalz von beiden Seiten anbraten und mit dem restlichen Weißwein ablöschen. Die Rebhühner immer wieder mit Bratensaft begießen und bei mittlerer Hitze etwa 45 Minuten garen lassen. Nach der Garzeit die Rebhühner aus dem Bräter heben und mit der Rowan Jelly (Menge nach Bedarf) begießen.

Servieren

Die Rebhühner tranchieren, auf flachen Tellern anrichten und mit Gemüse der Saison und Backkartoffeln reichen.

ZUTATEN

Für Rowan Jelly:
500 g Vogelbeeren
500 g saure Äpfel
5 Gewürznelken
1 Stange Zimt
½ Glas Weißwein
250 g weißer Kandis
Etwas Zitronensaft

Für das Rebhuhn:
4 küchenfertige Rebhühner
Salz
Pfeffer
400 g Champignons (auch Pfifferlinge oder andere Pilze)
400 g magerer geräucherter Speck
1 El Butter
6 El gemischte Kräuter (Petersilie, Majoran, Kerbel etc.)
2 El frische Schnittlauchröllchen
150 ml Weißwein
2 El Butterschmalz

INFO

Da Rebhühner sehr schwer erhältlich sind, können Sie dieses Gericht auch mit Fasanen zubereiten.

REBHUHN MIT ROWAN JELLY

HÄHNCHEN AUF IRISCHE ART

Für 4 Personen
Zubereitungszeit: 30 Min./Bratzeit: 50 Min.

ZUTATEN

2 küchenfertige
junge Hähnchen
Salz
Pfeffer
4 El Öl
1 El Buttermilch
1 Tl Senf
50 g Butter
50 g geraspelte Mandeln
50 g Weißbrotbrösel

Vorbereitung

Die Hähnchen gründlich waschen, trockentupfen, auf der Brustseite durchtrennen, aufklappen und mit den Händen leicht flach drücken. Mit Salz und Pfeffer einreiben und mit Öl von allen Seiten bestreichen. Den Backofen auf 220 °C vorheizen.

Zubereitung

Die Hähnchen auf ein Grillrost legen und im Backofen etwa 45 Minuten grillen lassen. Zwischenzeitlich die Buttermilch mit dem Senf vermischen und nach Ablauf von 35 Minuten die Hähnchen immer wieder mit der Mischung bestreichen. In einem großen Topf bzw. zwei Töpfen die Butter erhitzen und die Hähnchen darin nochmals kurz nachbraten. Die Hähnchen auf eine flache Platte legen. Die Mandeln mit den Weißbrotbröseln vermischen und über die Hähnchen streuen.

Servieren

Die Hähnchen auf der Platte zu Tisch bringen und mit frischem Salat und Kartoffeln servieren.

INFO

Zu den Hähnchen trinkt man gerne »Barley Brew« – ein gegorenes Getränk von Gerste und Honig, das nach drei Wochen in Flaschen gefüllt wird und einige Monate ruhen muss.

HÄHNCHEN AUF IRISCHE ART

GEFÜLLTE PUTE

GEFÜLLTE PUTE

ZUTATEN

1 junge Pute (3 kg)
Salz
Pfeffer
2 große El Butter
1 El Zucker
250 ml Geflügelbrühe
(Instant)
800 g geschälte Esskastanien
3 Möhren
¼ Sellerieknolle
1 Lauchstange
3 Zwiebeln
250 ml Rotwein
1 El eiskalte Butter

Für 4 Personen
Zubereitungszeit: 40 Min./Koch- & Bratzeit: 2 Std. 20 Min.

Vorbereitung

Die Pute gründlich waschen, trockentupfen und innen und außen mit Salz und Pfeffer einreiben.

1 El Butter in einem Topf erhitzen, nicht bräunen, den Zucker dazugeben und karamellisieren lassen. Mit der heißen Brühe ablöschen und die Kastanien darin etwa 10 Minuten bei kleiner Hitze dünsten und mit Salz und Pfeffer würzen.

Die Möhren und die Sellerieknolle schälen, waschen und in Stücke schneiden. Die Lauchstange von den äußeren Blättern befreien, putzen, waschen und in Ringe schneiden. Die Zwiebeln schälen und in grobe Stücke schneiden.

Den Backofen auf 225 °C vorheizen.

GEFÜLLTE PUTE

Zubereitung

Die Pute mit den Kastanien
füllen und die Öffnung mit
Küchenzwirn zunähen, den
Sud beiseite stellen. Die Pute
mit der restlichen Butter
bepinseln.

Die Pute mit der Brust nach
oben auf die Fettpfanne setzen
und etwa 20 Minuten im Backofen belassen. Dann Rotwein
und Geflügelbrühe aufgießen.
Das Fleisch etwa 60 Minuten
braten lassen, nach 30 Minuten
die Pute einmal drehen, dann
das Gemüse dazugeben, die
Pute wieder zurück auf den
Rücken drehen und nochmals
etwa 60 Minuten braten lassen,
dabei die Pute immer wieder mit
dem Bratensaft begießen.

Die Pute aus dem Backofen
nehmen, vom Küchenzwirn
befreien und warm halten. Das
Gemüse durch ein Sieb passie-
ren und nochmals aufkochen
lassen. Mit eiskalter Butter
binden und nochmals mit Salz
und Pfeffer abschmecken.

Servieren

Die Pute auf eine Fleischplatte
setzen und dazu Salzkartoffeln
und Gemüse der Saison reichen.
Die Soße separat servieren.

INFO

*Sie können auch küchen-
fertige Maronen verwenden,
dann nur kurz in der
karamellisierten Butter
schwenken.*

HÜHNERBRUST

Für 4 Personen
Zubereitungszeit: 45 Min./Bratzeit: 30 Min.

Vorbereitung

*Das Fleisch waschen, trocken-
tupfen, aufklappen und etwas
flach klopfen.*

*Von den Schinkenscheiben die
Fettränder entfernen.*

*Für die Füllung die Kartoffeln
waschen, mit der Schale weich
kochen und durch die Kartoffel-
presse drücken.*

*Die Champignons putzen, vom
Stielende befreien und in Scheiben schneiden.*

*In einer Pfanne die Butter
auslassen und die Pilze darin
dünsten. Anschließend mit
Kartoffeln, Eigelb und Petersilie
verrühren und mit Salz und
Pfeffer würzen.*

*Den Backofen auf 180 °C
vorheizen.*

Zubereitung

*In die Mitte der Hühnerbrüste
die Pilzmasse auflegen und das
Fleisch wieder in die ursprüng-
liche Form zurückdrücken. Mit
den Schinkenscheiben umlegen
und gegebenenfalls mit etwas
Küchenzwirn fixieren.*

*Das Fleisch in eine Auflaufform
legen, die heiße Fleischbrühe
aufgießen und etwa 30 Minuten
im Backofen hellbraun garen
lassen. Dabei hin und wieder
mit der Fleischbrühe übergießen.
Die Hühnerbrüste aus dem
Fleischsud heben, mit dem
Whiskey übergießen und
flambieren.*

Servieren

*Die Hühnerbrüste auf einer
Fleischplatte anrichten, mit der
Fleischsoße begießen und mit
den Kerbelblättchen bestreut
servieren. Dazu frisches Gemüse
reichen.*

4 gleich große Hühner-
oder Hähnchenbrüste
8 Scheiben Schinken
(geräuchert)
100 ml Fleischbrühe
(Instant)
2 El irischer Whiskey
Einige Kerbelblättchen
zum Garnieren

Für die Füllung:
3 Kartoffeln
80 g frische Champignons
2 El Butter
1 Eigelb
2 El frisch gehackte Petersilie
Salz
Pfeffer

HÜHNERBRUST

GEFÜLLTES HÄHNCHEN

GEFÜLLTES HÄHNCHEN

Für 4 Personen
Zubereitungszeit: 30 Min./Bratzeit: 55 Min.

Vorbereitung

Die Hähnchen gründlich waschen und trockentupfen. Das Gemüse schälen, waschen und in Stücke schneiden. Die Schalotten schälen und fein hacken. Die Zwiebeln schälen und in nicht zu kleine Würfel schneiden. Die Kastanien fein hacken. Eine feuerfeste Form etwas ausbuttern und den Backofen auf 200 °C vorheizen.

Zubereitung

Die Butter in einem Topf erhitzen und die Schalotten, Esskastanien und Kräuter darin kurz andünsten. Die Semmelbrösel untermischen, mit Salz und Pfeffer würzen und langsam unter Rühren Farbe annehmen lassen. Die Hähnchen mit dieser Masse füllen und mit Küchenzwirn zunähen.

Möhren, Sellerie, Petersilienwurzel und Zwiebeln in die Form geben und die Hähnchen mit dem Rücken darauf setzen. Die Hähnchenbrüste mit dem Honig bepinseln und alles mit Salz und Pfeffer würzen. Die Butter in Flocken darauf setzen und im Backofen etwa 50 Minuten braten lassen. Die Hähnchen aus der Form nehmen und die zugenähten Öffnungen aufschneiden.

Servieren

Das Gemüse auf einer Fleischplatte anrichten, die Hähnchen darauf setzen und mit den Preiselbeeren zu Kartoffelpüree servieren.

ZUTATEN

2 küchenfertige Hähnchen
2 Möhren
¼ Sellerieknolle
1 Petersilienwurzel
2 Schalotten
3 Zwiebeln
300 g geschälte Esskastanien (Fertigprodukt)
80 g Butter
2 El gemischte Kräuter
3 El Semmelbrösel
Salz
Pfeffer
2 El Honig
Preiselbeeren

INFO

Die Füllung lässt sich auch variieren. Auch mit Pilzen, Pflaumen, Aprikosen oder mit einer Mettfüllung schmeckt Hähnchenfleisch ausgezeichnet.

69

Frischer Lachs in Dillsosse

Gekochter Schellfisch

Forelle in Weisswein

Überbackene Miesmuscheln

Heringe auf irische Art

FISCHGERICHTE

FRISCHER LACHS IN DILLSOSSE

FRISCHER LACHS IN DILLSOSSE

Für 4 Personen
Zubereitungszeit: 15 Min./Kochzeit: 15 Min.

ZUTATEN

1 Salatgurke
2 Bund Dill
4–6 Lachsfilets
125 ml Weißwein
1 Tl geriebene
Zitronenschale
Salz
Pfeffer
1 Tl Dijonsenf
1 El Crème fraîche

Vorbereitung

Die Salatgurke in der Mitte teilen, schälen und die beiden Hälften in dünne Streifen schneiden.
Den Dill gründlich waschen, trockenschütteln und fein hacken. Einige Dillspitzen zum Garnieren beiseite stellen.
Den Fisch waschen und trockentupfen.

Zubereitung

Den Weißwein mit 300 ml Wasser in einer hohen Pfanne mit Zitronenschale und Dill zum Kochen bringen. Mit Salz und Pfeffer würzen.
Die Lachfilets dazugeben und bei kleiner Hitze etwa 10 Minuten köcheln lassen.
In einem zweiten Topf etwas Wasser zum Kochen bringen und die Gurkenstreifen darin etwa 1 Minute kochen lassen.
Den Fisch aus der Pfanne nehmen und die Soße mit Senf und Crème fraîche verrühren. Bei Bedarf nochmals mit Salz und Pfeffer abschmecken.
Die Gurken abgießen.

Servieren

Die Gurkenstreifen auf flachen Tellern anrichten, den Lachs darauf legen und mit der Dillsoße begießen. Reichen Sie dazu frischen grünen Salat und Salzkartoffeln.

INFO

Fisch sollte spätestens 24 Stunden nach dem Einkauf verzehrt werden.

GEKOCHTER SCHELLFISCH

GEKOCHTER SCHELLFISCH

Für 4 Personen
Zubereitungszeit: 15 Min./Kochzeit: etwa 35 Min.

Vorbereitung

Den Fisch waschen. Die Petersilie gründlich waschen, trockenschütteln und grob hacken. Die Möhre und Zwiebel schälen und in grobe Stücke schneiden.

Zubereitung

Aus Essig, Salz, Lorbeerblatt, dem Gemüse und 500 ml Wasser einen Sud kochen.
Die Hitze reduzieren, den Fisch in die Brühe legen und etwa 20 Minuten gar ziehen lassen. Die Butter auslassen und die Dillspitzen dazugeben.

Servieren

Den Fisch auf eine Platte legen, mit der ausgelassenen Butter begießen und mit Salzkartoffeln und Gemüse der Saison servieren.

ZUTATEN

1 großes Stück Schellfisch (1–1½ kg)
1 Bund Petersilie
1 Möhre
1 Zwiebel
1 Tl Weißweinessig
Salz
1 Lorbeerblatt
4 El Butter
2 El Dillspitzen

INFO

Schellfisch ist aufgrund seines festen, fettarmen und schmackhaften Fleisches sehr begehrt.

FORELLE IN WEISSWEIN

Für 4 Personen
Zubereitungszeit: 25 Min./Koch- & Backzeit: 20 Min.

FORELLE IN WEISSWEIN

ZUTATEN

4 küchenfertige Forellen
Etwas Zitronensaft
Salz
Pfeffer
2 Zwiebeln
2 Gläser Weißwein
130 g Butter
1 Tl Mehl
2 El frisch gehackte
Petersilie

Vorbereitung

Den Fisch gründlich waschen und trockentupfen, mit Zitronensaft beträufeln und innen und außen mit Salz und Pfeffer einreiben. Die Zwiebeln schälen und fein würfeln.
Eine Auflaufform ausbuttern und den Backofen auf 225 °C vorheizen.

Zubereitung

Die Zwiebelwürfel in die Auflaufform streuen, den Fisch darauf legen und den Weißwein angießen.
Im Backofen etwa 20 Minuten garen lassen.
Die Fische aus der Form heben. Die Brühe in einen Topf füllen und aufkochen lassen. Butter mit Mehl verkneten und die Brühe damit binden.

Servieren

Die Forellen auf einer flachen Platte anrichten, mit der Soße begießen und mit der Petersilie bestreut servieren. Dazu frische Kartoffeln oder Kartoffelpüree reichen.

INFO

Bachforellen sind bei Gourmets am begehrtesten.

ÜBERBACKENE MIESMUSCHELN

Für 4 Personen
Zubereitungszeit: 40 Min./Koch- & Backzeit: 20 Min.

ÜBERBACKENE MIESMUSCHELN

ZUTATEN

2 kg Miesmuscheln
¼ Sellerieknolle
1 Bund Petersilie
4 Zwiebeln
5 Knoblauchzehen
Salz
150 ml Weißwein
Saft von ½ Zitrone
230 g Butter
240 g Semmelbrösel
2 geviertelte Zitronen

Vorbereitung

Die Muscheln gründlich waschen, verlesen, die bereits geöffneten Muscheln entfernen. Den Sellerie schälen, waschen und in grobe Stücke schneiden. Die Petersilie gründlich waschen, trockenschütteln und fein hacken. 1 El gehackte Petersilie zum Garnieren beiseite stellen. Die Zwiebeln schälen und in feine Würfel schneiden. Den Knoblauch pellen und durch die Knoblauchpresse drücken.
Den Backofen auf Grillstufe einstellen und auf 200 °C vorheizen.

Zubereitung

Die Muscheln in einen großen Topf mit Salzwasser, Sellerie, Weißwein und Zitronensaft zum Kochen bringen. Mit geschlossenem Deckel etwa 10 Minuten bei mittlerer Hitze köcheln lassen.

Die Muscheln abgießen und die jetzt noch geschlossenen Muscheln entfernen.
Die geöffneten Muscheln von der oberen Schale befreien und auf ein Backblech setzen.
Von der Butter etwa 120 g in einer Pfanne erhitzen und Zwiebeln, Knoblauch und Petersilie darin kurz anschwitzen. Die Hitze reduzieren, die Semmelbrösel dazugeben und mit der restlichen Butter etwa 5 Minuten köcheln lassen.
Die Mischung auf die Muscheln geben und im Grill goldbraun überbacken.

Servieren

Die Muscheln auf flachen Tellern anrichten und mit Zitronenspalten und Petersilie bestreut heiß servieren.

HERINGE AUF IRISCHE ART

Für 4 Personen
Zubereitungszeit: 20 Min./Brat- & Backzeit: 35 Min.

Vorbereitung

Die Heringe gründlich waschen, trockentupfen, mit Zitronensaft beträufeln und salzen.
Die Champignons putzen und in Scheiben schneiden. Den Fischrogen in etwas Butter anbraten.
Eine Auflaufform ausbuttern und den Backofen auf 225 °C vorheizen.

Zubereitung

Die Heringe in die Auflaufform legen, mit Pilzen und Fischrogen belegen und den Semmelbröseln bestreuen. Aus der restlichen Butter Butterflocken auflegen und im Backofen etwa 30 Minuten garen lassen.

Servieren

Die Heringe auf einen flachen Teller legen und mit Schnittlauch bestreut servieren. Dazu Pellkartoffeln und einen frischen grünen Salat reichen.

ZUTATEN

4 frische, küchenfertige Heringe
Saft einer ½ Zitrone
Salz
150 g Champignons
200 g Fischrogen
100 g Butter
1 El Semmelbrösel
1 El frische Schnittlauch-röllchen

INFO

Der Heringsrogen, auch deutscher Kaviar genannt, ist eine besondere Delikatesse.

79

APPLE PIE

NUSSKEKSE

ROSINENKEKSE

ZUCKERPLÄTZCHEN

SCHOKOLADENKUCHEN MIT PFIFF

PLUMPUDDING

IRISH MIST CREAM

IRISH COFFEE

SÜSSSPEISEN

APPLE PIE

APPLE PIE

Für 4 Personen

Zubereitungszeit: 25 Min. (ohne Wartezeit)/Koch- & Backzeit: 60 Min.

Vorbereitung

Die Kartoffeln schälen, waschen, halbieren und in Salzwasser gar kochen. Die Kartoffeln abgießen und zu einem feinen Püree stampfen, abkühlen lassen.

Die Kartoffeln mit Mehl, Zucker und Backpulver zu einem Teig verrühren und etwa 30 Minuten im Kühlschrank ruhen lassen.

Zwischenzeitlich die Äpfel schälen, waschen und in Scheiben schneiden.

Eine Backform von 30 cm Ø mit der Butter einfetten.

Den Backofen auf 190 °C vorheizen.

Zubereitung

Den Teig ausrollen und ¾ der Menge so in die Backform legen, dass die Ränder überhängen. Den Teigboden mit den Apfelscheiben bedecken, mit Zimt bestreuen und den Honig darüber geben.

Den restlichen Teig auf die Größe der Backform ausrollen, darauf legen und an den Rändern mit dem Boden zusammendrücken. Überschüssigen Teig abschneiden.

Mit einer Gabel einstechen, damit der Dampf abziehen kann. Das Eigelb mit etwas Wasser verrühren und über den Kuchen pinseln.

Im Backofen etwa 40 Minuten backen lassen.

Servieren

Den Apple Pie in Stücke teilen und mit geschlagener Sahne servieren.

ZUTATEN

6 Kartoffeln
Salz
300 g Mehl
80 g Zucker
1 Tl Backpulver
6 Äpfel (Boskop)
1 El Butter
1 Msp. Zimt
2 El Honig
1 Eigelb

INFO

Boskop-Äpfel eignen sich am besten für die Zubereitung von Kompott und Kuchen.

NUSSKEKSE

Für 4 Personen
Zubereitungszeit: 30 Min. (ohne Wartezeit)/Backzeit: 8–10 Min.

NUSSKEKSE

ZUTATEN

680 g Mehl
350 g Butter
200 g Zucker
400 g brauner Zucker
225 g geriebene Haselnüsse
1 Prise Salz
1 Tl Backpulver
1 Tl Zimt
3 Eier
Schokoladenglasur

Vorbereitung

Ein Backblech mit Backpapier auslegen und den Backofen auf 280 °C vorheizen.

Zubereitung

Das Mehl in eine Schüssel sieben und mit den übrigen Zutaten, außer der Schokoladenglasur, zu einem glatten Teig verkneten.

Den Teig in 5 Portionen teilen, zu Rollen von etwa 4 cm formen, in Backpapier wickeln und im Kühlschrank 30 Minuten ruhen lassen.

Aus den Rollen nacheinander dünne Scheiben abschneiden, in Talerform bringen und auf das Backblech setzen. Im Backofen etwa 8–10 Minuten backen lassen.

Die Schokoladenglasur im Wasserbad schmelzen, die Tüte an der Seite ganz klein (so dass sie quasi als Spritzbeutel dient) einschneiden und die Kekse mit der Glasur verzieren.

Servieren

Nach dem Abkühlen die Kekse mit heißem schwarzen Tee servieren.

ROSINENKEKSE

Für 4 Personen
Zubereitungszeit: 20 Min. (ohne Wartezeit)/Backzeit: 10 Min.

Vorbereitung

Die Rosinen mit dem Brandy übergießen und etwa 40 Minuten ziehen lassen. Danach den überschüssigen Brandy abgießen und die Rosinen abtropfen lassen.
Ein Backblech mit Backpapier auslegen.
Den Backofen auf 200 °C vorheizen.

Zubereitung

Die Butter mit dem Zucker schaumig schlagen, bis eine weiße Creme entstanden ist. Nun langsam die Eier unterrühren.
Das Mehl in eine Schüssel sieben und langsam die Buttermischung einrühren. Mit Salz und Muskatnuss würzen. Die Rosinen dazugeben und die Zitronenschale einrühren.
Mit zwei Teelöffeln kleine Portionen abstechen und auf das Backblech setzen. Dabei genügend Platz zwischen den Keksen lassen, da diese auslaufen.
Die Kekse etwa 10 Minuten backen und anschließend abkühlen lassen.

Servieren

Die Kekse mit heißem schwarzen Tee servieren.

ZUTATEN

100 g Rosinen
2 El Brandy
150 g weiche Butter
125 g Zucker
2 Eier
250 g Mehl
1 Prise Salz
1 Msp. Muskatnuss
Abgeriebene Schale von
1 unbehandelten Zitrone

ROSINENKEKSE

INFO

In einer Blechdose halten sich die Kekse über mehrere Wochen frisch.

85

ZUCKERPLÄTZCHEN

ZUTATEN

½ Tasse Butter
1 Tasse Zucker
2 Eier
2 Tl Vanillezucker
2½ Tassen Mehl
1 Tl Backpulver
1 Prise Salz
Schokoladenstreusel

ZUCKERPLÄTZCHEN

Für etwa 16 Plätzchen
Zubereitungszeit: 15 Min./Backzeit: 8 Min.

Vorbereitung

Ein Backblech mit Backpapier auslegen und den Backofen auf 200 °C vorheizen.

Servieren

Die Kekse mit frisch aufgebrühtem schwarzen Tee servieren.

Zubereitung

Die Butter mit dem Zucker schaumig rühren. Die Eier dazugeben und den Vanillezucker einrühren.

Das Mehl in eine Schüssel sieben und mit Backpulver und Salz vermischen. Die Eiermasse mit dem Mehl zu einem glatten Teig verrühren.

Mit 2 Teelöffeln etwa walnussgroße Plätzchen formen, mit ausreichend Zwischenraum auf das Backblech setzen und mit einer Gabel flach drücken. Mit den Schokostreuseln bestreuen und etwa 8 Minuten backen lassen.

Die Kekse abkühlen lassen.

INFO

Auch mit gehackten Nüssen, anstelle von Schokostreuseln, schmecken diese einfach zubereiteten Plätzchen hervorragend.

SCHOKOLADENKUCHEN MIT PFIFF

SCHOKOLADENKUCHEN MIT PFIFF

Für 4 Personen
Zubereitungszeit: 15 Min./Backzeit: 50–60 Min.

ZUTATEN

300 g Mehl
150 g Zartbitter-Kuvertüre
250 g Butter
200 g Zucker
4 Eier
1 Prise Salz
2 gehäufte El Kakao
70 ml Whiskey
2 Tl Backpulver
100 g gemahlene Mandeln
100 g gehackte Walnüsse
200 g dunkle
Schokoladenglasur
2 Tl Instant-Kaffee
1 El Vanillezucker

Vorbereitung

Das Mehl sieben und die Kuvertüre in kleine Stücke hacken.
Eine Napfkuchenform ausbuttern und den Backofen auf 190 °C vorheizen.

Zubereitung

Die Butter mit Zucker schaumig schlagen und mit Eiern, Salz und Kakao verrühren. 3 El Whiskey dazugeben und mit Mehl, Backpulver, Mandeln und Nüssen zu einem Teig verrühren. Anschließend die Kuvertürestücke unterheben.
Den Teig in die Form füllen und etwa 50–60 Minuten backen lassen.
Zwischenzeitlich die Schokoladenglasur im Wasserbad schmelzen. Den restlichen Whiskey mit Kaffee und Vanillezucker verrühren.

Den Kuchen auf eine Kuchenplatte stürzen und mit der Whiskeymischung beträufeln. Zum Schluss den abgekühlten Kuchen mit der Schokoladenglasur überziehen.

Servieren

Den Schokoladenkuchen mit Pfiff zu heißem schwarzen Tee servieren. Dazu passt sehr gut geschlagene Sahne.

PLUMPUDDING

Für 4 Personen
Zubereitungszeit: 30 Min. (ohne Wartezeit)/Kochzeit: etwa 4 Std.

PLUMPUDDING

ZUTATEN

125 g Backpflaumen
250 g Sultaninen
100 g Korinthen
1 El brauner Rum
2 Äpfel
100 g Zitronat
100 g Orangeat
90 g Butterschmalz
120 g Paniermehl
100 g Mehl
65 g brauner Zucker
4 Eier
100 g gemahlene Haselnüsse
1 Prise Pfeffer
1 Msp. Muskatnuss
½ Tl Nelken
½ Tl Zimt
Saft und Schale von
1 unbehandelten Zitrone

Für die Soße:
125 g weiche Butter
125 g Zucker
3 El Rum

Eine verschließbare
Puddingform

Vorbereitung

Die Backpflaumen entkernen und in kleine Stücke schneiden. Mit Sultaninen und Korinthen in eine große Schüssel geben, mit dem Rum übergießen und etwa 1 Stunde ziehen lassen.
Dann die Äpfel schälen, waschen, vom Kerngehäuse befreien und in kleine Stücke schneiden.
Nach der Ruhezeit mit Zitronat und Orangeat in die Schüssel geben und vermischen.
Die Puddingform mit etwas Butterschmalz einfetten und mit Paniermehl ausstreuen.

Zubereitung

Das restliche Butterschmalz mit den übrigen Zutaten in die Schüssel geben und alles gut vermischen. Diesen Teig in die Puddingform füllen, den Deckel aufsetzen und im Wasserbad für 3½–4 Stunden köcheln lassen. Nach der Garzeit die Form aus dem Wasserbad nehmen und 5 Minuten ruhen lassen. Den Pudding vorsichtig vom Rand lösen und auf eine flache Platte stürzen.
Zwischenzeitlich die Soße zubereiten. Dafür die Butter und den Zucker mit dem Rum verrühren und 20 Minuten im Kühlschrank erkalten lassen.

Servieren

Den Plumpudding auf der Platte zu Tisch bringen und die Soße separat dazu servieren.

IRISH MIST CREAM

Für 4 Personen
Zubereitungszeit: 15 Min. (ohne Wartezeit)/Kochzeit: 10 Min.

Süßspeisen

Vorbereitung

Die Eier trennen.

Zubereitung

Die Eigelbe mit 2 El Puder-zucker verquirlen. Die Milch zum Kochen bringen.
Nun vorsichtig und ganz lang-sam (damit die Eier nicht aus-flocken) die Milch zu den Eiern rühren. Die Mich-Eier-Masse wieder in den Topf gießen und bei geringster Hitze etwa 7 Minuten ziehen lassen – nicht mehr kochen!
Die Gelatine in 2 El kochen-dem Wasser auflösen und in die Milch rühren. Den Irish-Mist-Likör dazugeben und in eine Schüssel füllen. Das Ganze etwa 45 Minuten im Kühl-schrank fest werden lassen.

Das Eiweiß mit dem restlichen Puderzucker steif schlagen und zusammen mit 5 El geschla-gener Sahne unter die steif gewordene Milchmischung heben.
In Dessertschalen füllen und nochmals zum Festwerden in den Kühlschrank stellen.

Servieren

Die Irish Mist Cream mit der restlichen Sahne, Nüssen und Schokoladenstreuseln bestreut servieren.

ZUTATEN

4 Eier
3 El Puderzucker
400 ml Milch
3 Tl Gelatine
2 El Irish-Mist-Likör
10 El geschlagene Sahne
1 El gehackte Nüsse
1 El Schokoladenstreusel

INFO

Diese Nachspeise kann sehr gut am Vortag zubereitet werden.

Sollte der Irish-Mist-Likör nicht erhältlich sein, können Sie diesen durch Baileys ersetzen. Da dieser aber milder im Geschmack ist, sollten Sie etwas mehr davon nehmen.

IRISH COFFEE

Für 4 Personen
Zubereitungszeit: 10 Min.

ZUTATEN
Kaffee
4 El Sahne
3 Tl brauner Zucker
1 doppelter Irischer Whiskey

4 Irish-Coffee-Gläser

Vorbereitung

Einen etwas stärkeren schwarzen Kaffee zubereiten.

Zubereitung

Die Sahne leicht schlagen (sie darf nicht steif sein).
In die Gläser zuerst den Zucker füllen, dann den Whiskey dazugießen. Mit dem heißen Kaffee zu ¾ auffüllen und darauf vorsichtig die Sahne legen, aber nicht verrühren.

Servieren

Den Irish Coffee heiß mit etwas Kakaopulver bestreut servieren.

REGISTER